"家校慧"丛书
郁琴芳 / 主编

百分爸妈
家有小儿好学习
（二年级）

褚红辉 沙秀宏 主编

上海社会科学院出版社
SHANGHAI ACADEMY OF SOCIAL SCIENCES PRESS

"家校慧"丛书

主　编　郁琴芳

《百分爸妈》家庭教育系列校本读物编委会

主　编：褚红辉　沙秀宏

编　委（排名不分先后）：

卢瑾文　徐雯瑶　胡晓敏

高世裔　张怡菁　何夏天

吴　萍　徐　智　叶水妹

刘双燕　张冬梅　王群英

韩佳微　徐　丹　徐程魏

俞军燕　陈　凤　朱　燕

金　晔

序

《百分爸妈》是奉贤区江海第一小学为了加强家长教育，引领家长学习而组织编撰的一套校本家庭教育指导读物。本套书共5册，依据小学生心理认知规律和学校的生源特点进行内容规划、模块划分和问题设计，易于家长和学生使用。书很薄，却很有价值。

这显然不是一套高深莫测的学术专著，而是一本本实实在在、朴实无华的家长读本。我读过很多家庭教育的专著论文，但大多由于理论术语的晦涩性和叙述方式的学术性而不适合家长朋友阅读。这套丛书的价值就在于并不追求高深的理论，甚至也没一般区域层面读本华丽的叙述框架，完全"接地气"，透着一股浓浓的"江海味"，旗帜鲜明地提出家长教育的目标是——"百分爸妈"：倡导家长不是要追求百分之百的完美，而是要通过五年的陪伴和学习，成长为合格家长。

这显然不是一套个人闭门造车的读本，而是一本本校长、教师、家长对话的成果集。孩子的健康、快乐成长是家校共育永恒的追求，但共育永远不是学校自编自演的独立剧本，亦不是校长和教师从学校实际出发，甚至是从学校便利角度出发的"独角戏"。家校共育需要沟通、互动，需要基于平等和信任的"对话"机制。在这套丛书的编写过程中，有许许多多家长的本色参与，不会因为各种客观原因就望而却步。学校的编写组也想尽一切办法与家长对话，从编写体例、叙述方式、表达字眼等方面虚心听取家长意见。必须要为这样上上下下的方式点赞，因为你们心中有彼此！

这显然不是一套会被束之高阁的成果集，而是一本本影响学校与家庭生活的记录册。市面上各式家长读本种类繁多，有的可能从出版之日开始就意味着使命的完成。江海一小的《百分爸妈》却如此别具一格，因为它具备校本化使用的特点。据校长介绍，《百分爸妈》出版后会让全校家长根据对应年级开展读本的常态化使用。我们知道，家庭教育指导的难点即在于，家长往往"听听很激动，回到家一动不动"。有了读本作为家、校的桥梁，作为家长学习和反思的载体，家庭教育和家庭教育指导应该就没有那么难了吧。

一般来说，图书的序仅是必要的装饰物，可有可无，读者甚少。不过，如果您是江海一小的家长朋友，而您也认真读过这篇短短的序言，我一定要给您满满的点赞：谢谢您愿意学习，谢谢您坚持改变。你们果然都是我心目中的"百分爸妈"，加油！

上海市教科院家庭教育研究与指导中心
郁琴芳

·江海第一小学好家长标准十二条·

1. 放下手机,带孩子多参加运动,多看看外面的世界。
2. 耐心倾听孩子的话,听清楚了再作判断。
3. 多鼓励孩子,接受孩子的不完美。
4. 不偏心,给每个孩子同样的爱。
5. 学习不是孩子的"专利",要和孩子一起学习,共同进步。
6. 善于发现孩子的闪光点,不与别人家的孩子作比较。
7. 答应孩子的事,要说到做到。
8. 不随意打骂孩子,教育孩子要讲道理,摆事实。
9. 辅导孩子功课心态平和,不抱怨、不发火,好好说话。
10. 陪孩子积极参加学校活动。
11. 不在孩子面前吵架,为孩子创造温馨的家庭氛围。
12. 孝敬祖辈,和睦邻里,做孩子的表率。

·江海第一小学好孩子标准十二条·

1. 讲文明、懂礼貌、不说粗话。
2. 爱清洁、讲卫生、衣着整洁。
3. 上课认真听讲,每天自觉、独立完成作业。
4. 凡事不拖拖拉拉,今日事,今日毕。
5. 自觉阅读课外书籍,不用督促。
6. 不依赖父母,自己做力所能及的家务小事。

7. 积极加强体育锻炼,劳逸结合。

8. 按时吃饭,不挑食、不浪费,少吃零食饮料。

9. 理解父母,不和父母吵架,多和父母沟通。

10. 孝亲敬老,爱护幼小,大人的事帮着做。

11. 适当学习课外兴趣,培养自己一技之长。

12. 不沉迷电子游戏,绿色上网。

目 录

第一单元　导入篇 / 001

身心秘密 / 003
江小少年 / 006
百分爸妈 / 008

第二单元　问题篇 / 011

第一节　学习与生活 / 013
　孩子学习总要督促 / 013
　孩子上课不爱举手 / 019
　孩子上学总是迟到 / 023
第二节　自我与品德 / 029
　我家的孩子爱撒谎 / 029

我家的孩子爱吹牛 / 034

我家的孩子怕挫折 / 039

第三节　沟通与交往 / 043

孩子经常乱发脾气 / 043

孩子从来不懂分享 / 049

孩子总是没有礼貌 / 054

第三单元　提高篇 / 059

不对孩子发脾气 / 061

和孩子共同进步 / 064

引导孩子的不足 / 067

欣赏孩子的多面 / 070

陪伴孩子的成长 / 074

家长必读 / 077

第一单元

导入篇

【单元导言】

在孩子的成长中,时间总是过得很快。一年级一晃而过,二年级已经到来。随着升入二年级,孩子成长了不少,在各个方面也和一年级时有所不同。本单元中,我们将从二年级孩子的身心秘密、学校对孩子的成长目标以及家长该如何引导孩子这3个方面进行分析和解读,为二年级家长们提供一些参考意见,更好地引导孩子成长。

身心秘密

一转眼,一年级的时光很快就过去了,孩子马上就要上二年级啦!这一年中,孩子已经逐渐适应了小学生的身份,也在玩耍中慢慢学到了一些知识。但是长大一岁之后,孩子的身心和思维都有了一些变化,家长们也要及时了解孩子的变化,陪伴孩子成长。

一、心理特点

1. 心理逐渐稳定

二年级孩子的形象思维十分活跃,语言和行为欢快跳脱,可以熟练地做自己想做的事,并能把自己的想法简单地记下来,无论写字、绘画还是课余时间的游戏都比较自如。

由于个人能力的提高和思维方式发生了变化,二年级学生心理趋向稳定,显示出一定的个性特征,个人能处理的问题越来越多,自信心不断增强,一年级时期的恐慌心情已经很少见到,即使遇到了什么困难,也不会像一年级学生那样马上哭泣起来。

2. 出现竞争意识

二年级孩子已经能够判断自己的能力大小,所以在发现别人的表现比自己好或者差时,他们会产生相应的心理变化。当别人不如自己时,他们内心会暗暗感到自豪得意,这是较早出现的竞争心理。

无论在教室活动还是室外游戏,孩子都会表现出争先恐后的特点。教师让做一件事,比如擦桌子,马上会出现竞赛似的场面,最先擦完的学生会高高举起手,等待教师表扬自己。

3. 产生了集体荣誉感

以开运动会为例。一年级学生对自己班级的运动员的胜负并不太关心,老师说咱们班胜利了,快鼓掌,孩子们才会跟着鼓掌,参加比赛的学生也不知道自己的胜负对班级会有什么影响。但是二年级学生就不同了,他们很清楚其中的关系,表现出来的行为很明显。自己班级运动员赢了,他们会欢天喜地;如果对方赢了,他们会默不作声。

4. 受情绪影响较大

二年级的孩子已经具备了比较丰富的情绪体验,但是情绪的控制能力、表达能力还比较弱,做事情容易受到情绪的影响,遇到开心的事情容易忘乎所以,遇到不开心的事情容易憋在心里或者大发脾气。

二、学习情况变化

进入二年级,孩子的学习也让各位家长们更加看重。但家长要注意，看待二年级学生的学习，不能只看学习成绩。

从心理发育看，二年级的孩子虽然有一定的自主能力，但是自觉学习的主动性和分析问题时注意力的稳定性远远不够。由于每个孩子都不同，有的孩子稍微好一些，而大部分孩子对待学习还是带着游戏的态度，所以引导二年级孩子学习，要注意方法和情况。

二年级学生能够有效地连续学习30分钟就已经很不容易，孩子学习了一段时间就想玩一会儿是很正常的。不过，这里有两种情况：一种孩子是玩一会儿能自觉回到书桌前继续学习；还有一种孩子是玩起来就没完没了，忘记了学习。许多家长、教师认为对贪玩的孩子应该加强管教，有的家长甚至施以过分的教育手段。

其实，过分的放任与过分的管教都是不合理的。二年级学生有意识地抵制学习的心理机制并不成熟，完全自觉地投入学习的心理机制也不完善，所以不应该对孩子过于苛刻，能基本完成学习任务就可以了，要让孩子感受到学习知识的乐趣。

江小少年

从一年级升入二年级，孩子身上被学校寄予了更多的期望。学校希望每一个江海一小的学生都能成长为一个优秀的人，对不同年级的学生提出了成长目标。一起来看看学校对二年级孩子的期望吧！

二年级学生成长目标	
目　　标	内　　容
热爱祖国，热爱少先队	1. 爱护国旗、会唱国歌，升旗时肃立，行少先队队礼； 2. 知道少先队的队名、队旗、队徽、红领巾、队礼的含义，队的领导者和队的作风； 3. 积极参加少先队各类活动
热爱学习、勤奋好问，养成良好学习习惯	1. 上课认真听讲，勤思考，勤发言，不懂就问； 2. 端端正正写好每一个字，注意保持书面的整洁； 3. 按时独立完成作业，有检查的好习惯
学会关爱、帮助他人，在爱心中快乐成长	1. 主动帮助长辈做力所能及的事情； 2. 团结同学，能帮助身边有困难的同学； 3. 对帮助过自己的同伴能及时表达感谢

(续表)

二年级学生成长目标	
目标	内容
学习"微笑待人""主动打招呼"的好习惯,注重日常礼仪训练	1. 能使用基本礼节与他人打招呼; 2. 对客人老师主动问好; 3. 知晓"七不规范",做到不随地吐痰、不乱扔垃圾、不乱穿马路
文明守纪,养成良好行为规范,促进全面发展	1. 放学路队,不喧哗、不吵闹; 2. 午餐排队,安静耐心,不插队; 3. 课间十分钟,文明游戏,文明用厕
学会自己的事情自己做	1. 自己的教室自己扫,会合理分工; 2. 自己的学习自己管,不迟到、不早退,按时完成作业; 3. 学会一项家庭劳动小技能,争当"劳动小能手"
有健康的体魄,健康的心理	1. 积极参加体育锻炼和有益的文体活动,认真上好体育课和体活课,有放学后的锻炼时间; 2. 能主动和父母、老师沟通,说说自己的心里话; 3. 有 1～2 项擅长的体育项目
学会保护自己,平安快乐	1. 知道病从口入,不吃不健康食品; 2. 养成卫生好习惯(勤洗手、勤洗发、勤洗澡); 3. 学习一种关于防火或防煤气中毒的小技能
热爱撕纸艺术,学会动手操作,具有想象力和创造力	1. 喜欢撕纸艺术; 2. 利用模版撕出十二生肖
喜欢诵读经典诗文,感受阅读的乐趣,在诵读中学会做人、获取知识	1. 诵读儿歌、童谣和古诗,能熟练背诵二年级必背古诗; 2. 能阅读童话、寓言、故事,读后会独立讲述其中 1～2 个故事

百分爸妈

长大了一岁,孩子已经是二年级的小学生了。在过去的一年里,孩子是一个优秀的一年级学生,到了二年级,孩子也想继续成为让父母、老师自豪的二年级学生。家长不仅要为孩子感到骄傲,支持孩子,更要根据这个年龄阶段孩子的身心秘密和学校对孩子的成长要求,对孩子进行适当的引导,为孩子制定成长计划。一起看看该怎么做吧!

一、习惯培养

进入二年级后,孩子长大了一些,父母也应该对孩子提出更多的成长要求,让孩子养成一些好的习惯,培养孩子的能力。具体可以从以下几个方面入手。

1. 不打扰别人

孩子如果不能控制自己的言行,就会出现一些令老师家长难堪的场合。家长应该利用多种场合让孩子理解:每个人都要为他人着想,站在对方的立场上考虑一下,不要只想着自己。比如家里来了客人，需要保持安静，等客人走后再大声玩闹。因为孩子也不能总是安静沉闷，那不利于孩子的成长。

作为二年级的孩子，应该要理解一些规则和习惯，比如：大声说话令人不愉快，因为会影响他人的交谈或者办事，说话时能够让对方听到就可以了。家长要从小培养孩子学会换位思考，能够从对方的立场思考问题。

2. 有基本的安全意识

当孩子外出的时候，要注意安全的问题，有基本的安全意识，独自离开一定要告知父母去哪里，和谁去，预计几点回来。当离家时间稍长时，要给家长打电话，告知自己的情况，好让家长放心。

二、品德教育

1. 不说谎话

二年级学生贪玩，是生理和心理活跃的表现。由于贪玩，孩子经常忘记做应该做的事，耽误学习，为了避免被指责，有时会说谎话。

一年级孩子想去玩时，会直接提出要求："让我出去玩一会儿吧！"但是二年级的孩子改变了方法，他们会说："作业完成了！可以玩了吧。"或者说："今天没有作业。"家长刚开始发现孩子说谎话，不要过于大惊小怪，可以假装和孩子说别的事，暗示或引导他明白一些道理，让孩子想说什么就直接说，不隐瞒自己的想法。

2. 注意文明礼仪的培养

仪表：教育引导孩子在面容发型、穿着打扮等要做到面容整洁、衣着得体、发型自然、仪态大方。

用餐：教育引导孩子在家庭日常就餐、公共场所用餐时讲究卫生、爱惜粮食、节俭用餐、食相文雅。

言谈：教育引导孩子在日常言语交谈时做到文明用语、耐心倾听、诚恳友善。

待人：教育引导孩子在日常生活中做到尊敬师长、友爱伙伴、宽容礼让、诚信待人。

外出：教育引导孩子在走路或乘用交通工具时遵守交规、扶老助弱、主动让座。在外出旅游时爱护文物、尊重民俗、恪守公德。

家长要在好行为、好习惯的训练中，培养孩子"做一个好学生"的意识，让孩子学会体谅他人，诚实待人，礼仪待人。

单元小结

本单元中，我们通过3个部分来帮助家长了解孩子进入二年级后的情况。相比一年级时，二年级孩子的情绪逐渐稳定下来，同时也开始产生了竞争意识和集体荣誉感。学校根据二年级的孩子的特点，对他们提出了成长目标。基于这些特点和目标，家长们要用合适的方法引导孩子，让孩子成长为一个懂礼仪、会保护自己、诚实待人的好孩子。

第二单元

问题篇

【单元导言】

在上个单元中,我们从 3 个方面了解了孩子进入二年级后产生的一些变化和特点。在本单元中,我们将会从学习、生活、品德、自我、沟通、交往等方面切入,通过一些孩子的具体问题和具体案例进行分析解读,为家长更好地教育孩子提供一些方法和意见,让每一个孩子都能成为一个优秀的小学生。

第一节 学习与生活

孩子学习总要督促

·教育小剧场

下午一放学回到家,小明急急忙忙放下沉重的书包,迅速冲出家门想找小伙伴玩耍。

"小明,作业做了没有?怎么一回来就往外跑啊?"妈妈在后面喊道。

"我先玩会,一会儿回来做!"话音还没有落完,小明就不见了踪影。

妈妈在家把饭做好了,等了又等,到晚上七点小明才一脸疲惫地回家,进门就说:"妈妈,我好饿!"

"这么晚才回来,干吗去了啊?"妈妈有点生气了。

"我和朋友们打球去了,我今天进了一个3分球!"小明眉飞色舞地说起来。

"怪不得弄得这么脏!赶紧吃饭,吃完了饭洗洗,作业还没做吧！"

"哦，我知道，不急！"小明不耐烦地说。然后自己跑去了餐桌前，端起碗夹了菜，就抱着碗坐在电视机前边看边吃，因为看得太投入连饭也没有好好吃。等电视看完，已经快八点了，小明这才慢吞吞地拿出书本准备写作业。

"咦？英语单词是抄两遍还是抄三遍，数学作业是做哪一页？"小明有点迷糊了，于是和同学打电话询问作业。说着说着就提到了今天玩的游戏，两个人又花了半个钟头讨论到底是谁赢了。

"小明，你怎么还在讲电话，作业还不做？"妈妈生气地说道。

小明这才回过神来："哦哦，知道啦，一会就做！"

· 智慧解码

拨浪鼓摇一下，才能响一声。一些依赖性强的孩子就像是拨浪鼓，家长提醒一下，他就动一动，家长停他就停，只要离开家长的眼睛，他就会被周边的环境和事物吸引，缺乏自觉性。这样的孩子时间久了就容易形成家长必须陪读的学习习惯，上课也时不时要有老师提醒。

有些家长会觉得孩子成绩还不错，学习有依赖性也无所谓，可一旦孩子的学习环境变化了，比如：住校学习，离开了家长的眼睛，他的学习成绩可能会一落千丈，如果老师不再提醒，也会影响孩子的学习成绩。

第二单元　问题篇

·教育三分钟

当孩子学习总是需要督促时，家长可以尝试从以下几个方面，帮助孩子形成主动学习的好习惯。

1. 帮助孩子建立自我提醒机制

对待注意力不容易集中的孩子，家长需要做两件事：①减少帮助；②帮助孩子建立提醒机制。比如：给孩子一个小闹钟，定好时间，让闹铃到时间响起来，响铃就表示现在集中注意力做作业的时间到了。反复告诉孩子，闹钟响了就代表学习的时间到了，不要等家长提醒！家长再用闹钟定出休息时间，告诉孩子，闹钟没有响的时候，是闹钟在安静地看你写作业，怕出声打扰你，所以现在也还是你集中注意力学习的时间，不要分心。经过一段时间的训练，家长逐渐减少闹钟的铃声，而对孩子的要求不变，让孩子慢慢学习自己看时间做事情。再经过一段时间的训练，过渡到闹钟不再响，只看钟点做事情，这样孩子就会从家长的不断提醒状态中走出来，逐步养成好习惯。

在家注意力不容易集中的孩子一般在学校也会不专心，家长可以在孩子经常用的文具上做一些提示，让孩子在学校做作业，或在孩子上课玩的时候提醒孩子集中注意力。孩子看见提示物，就仿佛看到了家长在提醒自己要专心。

2. 减少对孩子不必要的陪伴

要让孩子明白学习是自己的事情，家长也有很多自己的事情要做,比如:必须做晚饭,否则全家就会饿肚子;必须收拾碗筷,否则第二天没的用;必须洗衣服,否则没有干净衣服穿;必须收拾房间,否则家里就不能干净整洁……让孩子知道,他需要学会独立学习。

依赖性强的孩子往往只看到自己的需要,而看不到其他人的需要。家长要引导孩子关心他人的需要。告诉孩子,爸爸妈妈不舒服、累了、很疲倦时,你要在家自己看书、自己学习,爸爸妈妈不能陪你。让孩子知道关心家长的身体和心情,理解家长。

还有些家长可能会有出差的时候,不可能这样天天陪着孩子,这时就要告诉孩子:如果是因为这样的原因影响了学习,是不会得到别人的理解的。比如:如果用"我这次没有考好是因为妈妈不在家"作为借口只会引起别人的笑话。还要向孩子说明,老师每天要面对几十个学生,要集中自己的注意力讲课,不可能没完没了地提醒某个人,且提醒多了也会给老师留下不良印象。因此要让孩子从自身找原因,帮助他逐渐增强对学习的责任感,慢慢为依赖心理"断奶",逐步摆脱依赖心理,学会专心学习。

3. 重视家长不良习惯对孩子的影响

良好的注意力习惯是需要逐步培养的。如果是由于家长自身懒散,没有起到榜样作用,进而对孩子的注意力集中造成坏影响,家长就要首先着手去改变自身的问题,在改变注意力不集中的坏习惯方面起带头作用,再辅以合理的方法引导孩子,逐步去改变孩子的注意力习惯。如果家长和孩子相互帮助,共同进步,孩子会更有积极性，并且会认真努力地改变自己。

·家长自画像

对于孩子学习时总需要督促的情况，各位家长们都是怎么处理的呢？请讲述一下自己的方法，并请根据案例与分析，对自己的教育方法进行评价和反思。

1. 教育评价（请为自己的表现打星，最满意请涂满五颗星）

我对孩子的了解 ☆☆☆☆☆

我与孩子的交流 ☆☆☆☆☆

问题的处理效果 ☆☆☆☆☆

家长自我总评分 ☆☆☆☆☆

2. 教育反思

_____

_____

_____

·亲子总动员

与孩子一起制订计划

请家长们和孩子一起制订日程计划吧！首先准备一个记事本，和孩子沟通明天的时间打算怎么安排，如16:00喝牛奶；16:30—17:00写语文作业；17:00—17:30读英语单词；17:30—18:00看动画片；……越详细越好。

要注意，计划中不仅仅要有学习的内容，还要安排休息及玩耍的内容，这样孩子就不会觉得他的时间都用来学习了而没有玩的时间，每做完一件事都要做个记号。

计划做好了，家长要每天坚持检查。检查时，无论计划是否完成，家长要先认可孩子开始按照规则做事了，然后再了解没完成计划的原因，千万不要一上来就批评"为什么作业没写完"。

等坚持了一段时间，孩子就会习惯做计划、执行计划，对于学习的安排，也会逐渐不需要家长来督促。

· **成长格言**

教育上操之过急和缓慢滞后，都会摧残孩子正常的心理发育。

——佚名

孩子上课不爱举手

•教育小剧场

小兰性格内向、胆小,是课堂上的"旁观者",不爱举手回答老师提出的问题,似乎在课上扮演的只是一个"听众"的角色。老师点名让她回答时,她不是不敢大声讲出来,就是说不清楚,实在令人头疼。下课后她也常常自己坐在座位上,不怎么和同学们一起玩。对于这种情况,父母也是一筹莫展。

•智慧解码

课堂上积极回答问题是学生上课认真的表现,它会使学生处于一种活跃的思维状态,更好地锻炼逻辑分析能力,还可以不断提高学生的口才和胆量,为将来走向社会作准备。

孩子上学后,大部分时间是在课堂上度过的,如果不能保持孩子上课回答问题的积极性,将会影响孩子听课的效率,这往往会影响孩子以后的学习效果。

课堂上是否爱发言,除了能显示孩子的思考力之外,还与孩子的个性有关系。如果是活泼型的孩子,不管答案对错可能都会举手;和平型和完美型性格的孩子会确定自己的答案正确后才举手;过于腼腆的孩子即使会回答,也不敢举手,还生怕被老师叫到;上课东张西望的孩子根本就不知道老师问的是什么,也就无心回答。

家长要深入了解孩子的个性,从而对症下药,对孩子进行合适的引导。

·教育三分钟

在课堂上积极回答问题对孩子听课十分有帮助,家长可以根据以下几种不同的情况和方法,去激发孩子回答课堂提问的积极性。

(1)对胆子小、性格腼腆的孩子,教他做简易的放松练习。当他在课堂上为要举手而感到紧张时,就告诉他可以自己做这种练习:深呼吸、吐气,同时在心里说暗示语"放松"。

(2)如果孩子由于认为自己回答必须十全十美,害怕回答问题时出错或被同学嘲笑而在课堂上保持沉默,那么必须改变孩子的想法。家长要让孩子想想,有没有谁因为积极回答问题,答案却不够好就挨老师批评呢?这样的话就可以帮助孩子消除这种顾虑。

(3)家长可以提前研究一下孩子第二天要学习的知识,猜测老师可能提问的内容,帮孩子做好充分的准备,让孩子能在课堂上较完美地回答老师的提问,这样一定可以得到老师的表扬。有了一个良好的开端,孩子自然就有了回答问题的积极性,同时还能提高孩子预习功课的积极性。

(4)如果举了几次手都没被老师提问,孩子心里可能会失落,导致不愿意再举手发言。对于这种情况,如果持续时间较长,家长要和老师沟通,在得到老师的几次提问后,孩子回答问题的积极性就会重新被调动起来了。

・家长自画像

对于孩子上课不爱主动回答问题的情况，各位家长们都是怎么处理的呢？请讲述一下自己的方法，并请根据案例与分析，对自己的教育方法进行评价和反思。

1. 教育评价（请为自己的表现打星，最满意请涂满五颗星）

我对孩子的了解 ☆☆☆☆☆

我与孩子的交流 ☆☆☆☆☆

问题的处理效果 ☆☆☆☆☆

家长自我总评分 ☆☆☆☆☆

2. 教育反思

_____

_____

_____

・亲子总动员

模拟课堂提问

孩子可能因为各种原因上课不爱举手回答问题，请家长在陪同孩子预习功课后，模拟一下课堂提问环节，由家长扮演老师，进行提问，让孩子举手回答。在家长面前，孩子不会紧张，也不会害怕，这样可以让孩子逐渐习惯举手回答问题。

· **成长格言**

今天你是否成功取决于你昨天的态度,今天的态度决定了你明天是否成功。

——佚名

孩子上学总是迟到

· 教育小剧场

二年级开学时,班上来了一位不能够适应学校学习的学生,他的名字叫小然。小然的父母中年得子,对小然呵护有加,声称要"尊重孩子的天性",很少约束小然,小然就一直处于散漫自由的状态。

据说小然在上幼儿园期间就很随意,想什么时候来就什么时候来,想不来就不来,迟到是常事。小然进入小学后,总是不能按时到校,和同学格格不入,对学校环境不能适应,不能服从纪律的约束,心理年龄明显与同龄人差 2～3 岁。对此,小然的父母也只能表示"没有办法"。

· 智慧解码

独生子女在家里集众多宠爱于一身,这些宠爱中也不乏溺爱成分。很多家长出门怕孩子磕着,做事怕孩子累着,与人交往怕孩子吃亏,立了规矩怕孩子受约束,时间长了很容易使孩子娇纵成性,做事任性而为。而这样的孩子以后会受更大的挫折,他会因缺乏良好的适应能力和行为能力而受苦。

小然虽是一个特殊的案例,但值得每一位家长深思。若是孩子任性得无法被同学接纳，不遵守学校的规章制度，孩子的行为没有办法和学校接轨，如果不转变，离开学校是必然的。

家长需要明白，培养孩子不是养宠物，养宠物自己欣赏就可以了，培养孩子是要让社会欣赏他、接纳他，最终让他融入社会。

家长如果过度心软，没有有效、适当地约束和锻炼孩子，其结果就是孩子不能像同龄人一样成长。当孩子长大，发现自己与同龄人的差距时，不仅不会感谢家长，还会痛恨家长，因为娇生惯养使他不能在社会立足，会损害他的自尊心、自信心，他的生存能力的发展也会受影响，孩子自然会认为家长是"罪魁祸首"。

· 教育三分钟

由于家长的溺爱，造成一些孩子娇生惯养，上学总是迟到，这时候家长应该怎么办呢？我们不妨试一试下面的方法。

1. 注意与老师配合

在生活中，许多孩子早上上学都起不来，家长喊了又睡，穿了衣服又钻回被窝……但别看他们在家里和家长耍赖、闹得欢，可到了学校就不这样了。孩子在小学低年级阶段，家长可以寻求老师的配合，让老师对孩子的迟到现象进行约束。对于胆子小的孩子，我们可以利用老师的力量，对孩子说："你如果再这样起床耍赖，我要告诉你们老师，让老师来评评理。"很多孩子怕老师，他们会觉得这件事情很重要。

但是，总是吓唬孩子，时间长了也会不管用的。所以家长可以找机会对老师说出自己的烦恼，请老师在班里强调早晨起床的问题，让同学们都来说说早晨都是怎么过的，说说如何安排早晨的时间会更快乐，说说早晨起来如何不再赖床……小孩子会很容易受同学间的相互影响，了解了别的同学的情况，他回家就会有所改变，此时家长再给他一些表扬和鼓励，孩子就会变得更加努力了。

2. 帮孩子树立规则意识

家长过于宠孩子，在家里对孩子没有合理的约束，甚至认为这样是尊重孩子的天性，其实对孩子非常不利。人需要融入社会，学校有纪律，社会有法律，约束无处不在，家庭的宽松使得很多孩子不懂得服从、约束、合作，不理解规则。

学校是一个有规章制度的组织，孩子不遵守规则就会受到批评。于是有的孩子在学校总被批评，心灵受挫，离开家就觉得不自由、不快乐，这样在他长大后也会不愿意融入社会，可能会躲避在家不出去工作。

家长应该让孩子理解"没有规矩，不成方圆"这句话的意义，如果学校允许学生迟到、早退，就会像一个菜市场，可以随便出入，学生安静学习的环境将不复存在，学生的学习也将一塌糊涂。在纪律的约束之下，学校才会运行得有条不紊，孩子才会有安定的环境，学习才有保证，在这样的环境下他也才会快乐。

3. 尽量让孩子早睡觉

孩子晚上睡觉太晚是导致第二天迟到的重要原因之一，家长不要忽略孩子的睡觉时间问题。任性的孩子最容易晚上贪玩不睡觉，家长的管理和引导是十分必要的。

家长在引导孩子早睡觉时，要注意：不要让孩子在睡前过度兴奋，以免造成入睡困难；卧室不要放电视（或者不开电视）；要让孩子学会每天看钟表，在睡觉前提醒他时间快到了；晚上也不要给孩子吃得太多。

而早点儿让孩子上床，也需要一些窍门。对年龄小的孩子，可以给他们讲故事，用故事吸引他们安静躺下来，把灯光调暗，孩子就会容易入睡；对自己有了阅读能力的孩子，可以让他们自己看书睡觉。

4. 调理孩子身体

孩子睡眠质量差，第二天就很难有一个好的开始。有一些孩子睡眠质量差是因为他们体质弱，总生病，影响了睡眠质量。家长要给他们调理饮食，同时增加身体锻炼，强筋健骨。体质增强了，早晨才会有好的精神去上学。

必要时，家长也要根据孩子的心理和身体情况适当减轻学习负担，增加休闲活动，调整孩子的生活节奏，改善他的紧张疲劳状态。

· **家长自画像**

对于孩子上学总是迟到的情况，各位家长们都是怎么处理的呢？请讲述一下自己的方法，并请根据案例与分析，对自己的教育方法进行评价和反思。

1. 教育评价（请为自己的表现打星，最满意请涂满五颗星）

我对孩子的了解 ☆ ☆ ☆ ☆ ☆

我与孩子的交流 ☆ ☆ ☆ ☆ ☆

问题的处理效果 ☆ ☆ ☆ ☆ ☆

家长自我总评分 ☆ ☆ ☆ ☆ ☆

2. 教育反思

_____

_____

_____

·亲子总动员

作息时间表

为了帮助孩子改掉迟到的坏习惯，请和孩子一起制定一个作息时间表吧！

```
制定人：
制定时间：
时间段内容：
如：早上 6:30 起床吃早饭
……




周评：
月评：
```

· **成长格言**

抛弃时间的人，时间也抛弃他。

——（英）莎士比亚

第二节　自我与品德

我家的孩子爱撒谎

· **教育小剧场**

下午放学回来，小夏在家写完作业，无所事事，看着爸爸在忙自己的事情，妈妈在做家务，没有一个人关注自己，一种受冷落的感觉油然而生。

突然，小夏尖叫了一声，摔在地上。爸爸与妈妈几乎同时跑到小夏的房间，看到小夏趴在地上，脸上露出痛苦的样子。父母关切地问："小夏，怎么了，是不是摔伤了？疼不疼？上医院看看吧？"小夏忙说："一会儿就好了。"爸爸妈妈围在小夏身边，一会儿摸摸头，一会儿问喝不喝水，小夏高兴地笑了……

又有一次，小夏又在床上大喊大叫，"快来人呀，我快不行啦！"这回爸爸平静地坐在沙发上看资料，妈妈静静地收拾着客厅，没人搭理小夏，仿佛什么也没有发生。爸爸冷冷地说："别装了，写你的作业吧。"小夏停止了喊叫，失望地坐起来，狠狠地看了爸爸一眼，开始写作业。

小夏总是说谎，不是头疼就是闹肚子，要不就是其他地方不舒服，把大家忙够了，他也没事了。爸爸妈妈都习以为常了，知道是怎么回事也就不紧张了，而小夏的这种状况，却一次又一次地变本加厉。

·智慧解码

孩子会用听话、努力学习、做好事情等方法让家长高兴；也会用不好的方法吸引家长注意，编造不实的故事就是一种方式。孩子可能感觉得到的关爱不够，或者是这段时间孩子遇到特殊的事件而需要更多的关爱。

当然从表现看，孩子用说谎和无理取闹的方式很不好，但它传递给我们一个信息，即孩子对父母有期盼，他是在创造机会表达自己内心的需求。如果家长处理不好，孩子就会对家长丧失信心，从此变得态度冷漠，抱无所谓的态度，其后果比说谎还要糟。

因此，对二年级这个年龄段的孩子，若是出现为了赢得关心而说谎的行为，家长要格外重视，而不是单纯考虑孩子说谎的问题。

·教育三分钟

当孩子通过说谎来赢得关心的时候，家长应该怎么处理呢？看看下面这些办法是否有所帮助吧。

1. 了解孩子的需求

小夏的无理取闹让家长很反感，家长在孩子闹事的时候采取不理睬的方法是正确的，但随后要安排其他时间和孩子沟通，了解孩子的需求，抚慰孩子的心灵。

父母要尽量抽出时间与孩子沟通。家长可以在接送孩子上下学的路上和孩子交谈，在吃晚饭的时间全家人一起交流、闲谈，在孩子睡觉前和孩子亲切地说上几句话、摸摸孩子的头，节假日还可以带孩子出门游玩，这些都可以让孩子真切地感受到父母的关爱。

家长也要告诉孩子，表达愿望要用正确的方式，说谎、吓唬人不能够让家长真正理解你，时间长了大家就不会再信任你了，那将是多么令人难过的处境呀！

2. 注意从细节了解孩子的情绪

平时孩子会在生活细节中流露出对父母的不满。比如，一些孩子在家长批评他作业书写不整齐的时候，会言过其实地说："你平时都不看的。"其实是在责怪家长没有关心自己。有时孩子被家长批评后，会很快投入家长的怀抱。孩子的这些言行都是在向家长表达自己需要关爱，此时家长要马上关注孩子的这种情绪，可以给孩子一个拥抱，并告诉孩子爸爸妈妈永远都是爱他的。

对于孩子来说，失去父母的爱是天大的打击，用各种方法争取得到爱是孩子说谎的原因之一。在生活细节中让孩子感受到自己被关爱是十分必要的。家长在日常生活中细心关注孩子的需要，孩子就不会因为希望得到关注而说谎了。

3. 让孩子理解家长

现在很多家长整天为工作、生活而忙碌，经常有对孩子照顾不到、关注不够的时候,这是一个很普遍的问题,也是一个无法彻底解决的问题。既然这样,我们就要勇敢地面对它,要让孩子理解家长。

当家长因工作繁忙而无暇顾及他的时候,可以明白地告诉孩子:"爸爸妈妈现在很忙,没有时间关心你,你要照顾你自己,但爸爸妈妈一直是爱你的。"当家长因工作上的原因而烦躁,回家后不愿说话、不愿理人的时候,也可以明白地告诉孩子:"现在我很生气,但这是工作上的原因,与你没有关系,今天晚上请你让我安静一会儿。"

给孩子一个明确的理由,并且告诉他父母永远都是爱他的,这样可以让孩子心里很踏实,他知道父母暂时没有关注他不是因为不爱自己了,而是工作太忙了。

·家长自画像

对于孩子经常撒谎来赢得父母关心的情况,各位家长们都是怎么处理的呢?请讲述一下自己的方法,并请根据案例与分析,对自己的教育方法进行评价和反思。

1. 教育评价(请为自己的表现打星,最满意请涂满五颗星)

我对孩子的了解 ☆☆☆☆☆

我与孩子的交流 ☆☆☆☆☆

问题的处理效果 ☆☆☆☆☆

家长自我总评分 ☆☆☆☆☆

2. 教育反思

_____

_____

_____

· 亲子总动员

故事分享

请家长和孩子分享一些关于说谎后造成恶劣后果的故事，让孩子明白说谎是不好的。

· 成长格言

诚实是一个人得以保持的最高尚的东西。

——乔叟

我家的孩子爱吹牛

· **教育小剧场**

小林很喜欢说大话，不会叠被子的他告诉小朋友说自己在家整理床铺；还没坐过飞机的他告诉同伴他去过日本迪士尼……一开始家长觉得孩子吹吹牛的行为似乎无关紧要，自己在外面也显得很有面子，就没有去纠正他。久而久之，小林爱吹牛的习惯越来越严重，牛也越吹越大，后来小朋友们都觉得小林说话不靠谱，渐渐不再愿意跟小林玩了。

· **智慧解码**

为什么这么小的孩子却喜欢吹牛呢？我们从以下几个方面来思考原因。

1. 说话夸张是孩子特有的表达方式

孩子年龄小，认知有限，他所观察、体会到的事情，和成人不一样，加上成人在给孩子说话时多喜欢用夸张的语气和表情，因此孩子在无形中也学会了这样的表达方式，比如"我家里有一个像房子一样大的球""我的小汽车跑得可快了，比飞机还快"。

2. 为了引起他人注意

孩子在家庭或同伴中的社会地位低下，因此他们夸大自己的力量，想引起父母和同伴的关注和赞同。如果在孩子的经历中，用夸张能引起成人的关切，他们就会采用夸大事实的方法来满足自己的表现欲。

3. 嫉妒心作祟

有些孩子常常受到表扬和赞美，久而久之就确信自己是最优秀的，为了把同伴比下去，喜欢把话说得大大的，来凸显自己，贬低同伴。

4. 分不清想象和现实

有的孩子心理年龄还小，还分不清现实世界和想象世界之间的区别，他们往往喜欢把自己看到的电影、读到的故事自己进行想象加工，使用夸大的语言表达出来。有时孩子常会把自己希望得到的东西当成已经得到的，因而产生了"幻想"。

5. 听人说话断章取义

有些孩子听话只听半截，把父母承诺的或者随口一说的事情当成了真的或已经发生的。

·教育三分钟

从孩子的心理发展来说，孩子喜欢使用夸大事实、吹牛的方法是一种正常的心理现象。吹牛常常可能是孩子拥有丰富想象力的表现，但如果孩子过于喜欢吹牛，就应该引起父母的注意。因为当说大话变成一种习惯、一种不自觉的行为时，孩子的虚荣心也会越来越强。因此，当孩子经常说的与事实有出入时，父母不要过度紧张，不妨通过下面几种方法，巧妙地去纠正孩子的"吹牛"。

1. 还孩子一个真相

一旦孩子所说的话与事实不相符有所夸大或误解时，家长一定要将事实的真相还给孩子，否则孩子很容易将自己曲解的内容和想当然的成分信以为真。同时，家长在平时的生活中，也要注意自己与孩子说话的方式，家长讲话时语速要慢，确认孩子听明白了，这样孩子就能够更加清楚地了解家长讲了什么。

2. 夸奖要恰如其分

父母要恰如其分地表扬孩子，不用刻意夸大孩子的行为或表现，要针对孩子对某一件事付出的努力、取得的效果进行表扬，而不要针对孩子本人和他的性格。比如，在孩子把玩过的玩具整理好后，如果父母说："你真是个好孩子"，孩子可能弄不清父母是表扬他玩具收拾得好，还是赞扬他不玩玩具了；如果父母说："你把玩具收拾得这么好，我真高兴"，孩子就会明白这种行为是好的，以后还要这样做，这样就能逐渐形成良好的生活习惯。

3. 让孩子学会换位思考

当听到孩子夸耀自己、贬低同伴时，父母要悄悄提醒孩子："如果小朋友这样对你，你心里怎么想，会不会不舒服？"让孩子设想一下他人在遇到类似情况时的感受，让他意识到只会夸耀自己、贬低同伴的孩子会受到嫌弃，最后就没有朋友了。然后，再给孩子一些建议，比如当他想吹嘘自己有多棒时，可以说给爸爸妈妈听。

4. 让孩子试着发现他人的优点

为了避免孩子自我炫耀对他人造成伤害，家长要教会孩子看到同伴的优点。孩子还小，并不能自发地对他人说出赞赏的话来，但是他能够从中学会尊重别人。

5. 通过吹牛的内容了解孩子，进行引导

孩子吹牛的内容恰恰能够反映孩子的真实心态，是了解孩子的一个窗口。通过孩子吹牛说的内容，父母可以了解孩子在想什么，还可以趁机引导孩子分清哪些是真实的，哪些是自己想象和期望的。同时告诉孩子，有愿望和期望是好事，但我们要好好学本领，这样才能实现自己的愿望。

6. 父母做良好示范

孩子通过观察父母和效仿父母的言行而逐渐形成自己的行为举止，在孩子面前，父母需要控制自己贬低他人、吹捧自己的欲望，给孩子做好榜样示范。

· **家长自画像**

对于孩子爱吹牛的问题，各位家长们都是怎么处理的呢？请讲述一下自己的方法，并请根据案例与分析，对自己的教育方法进行评价和反思。

1. 教育评价（请为自己的表现打星，最满意请涂满五颗星）

我对孩子的了解☆☆☆☆☆

我与孩子的交流☆☆☆☆☆

问题的处理效果☆☆☆☆☆

家长自我总评分☆☆☆☆☆

2. 教育反思

_____

_____

_____

·亲子总动员

和孩子约定提醒手语

有时候,父母向孩子指出吹牛的缺点之后,孩子已经明白自己不应该这么做。但事到临头,可能会忘记,而变得信口开河。和孩子约定一个提醒的信号吧!比如:摸摸自己的耳朵,碰碰自己的鼻子。这样如果孩子刚开始吹牛时,看到父母的手势,就会停下来。

·成长格言

事情还没有做成就吹牛皮夸口,的确糟糕透顶。

——(俄)克雷洛夫

我家的孩子怕挫折

·教育小剧场

小宇从小由母亲一个人养大，性格比较柔弱胆小。平时，学习上遇到小小的困难就怨声载道，觉得自己怎么样都不会做；和同学发生了小摩擦小矛盾，就回家跟母亲哭诉，打死也不会主动和同学和好，还不愿意和班上的其他同学交流，害怕别人不理他。而母亲也觉得母子俩相依为命很不容易，对小宇哄了又哄。

一次，语文老师上课的时候说小宇在拼音的基础方面还要努力才行，小宇当时就哭起来，以后语文课再也不举手回答问题了。

暑假到了，母亲说给小宇报一个夏令营的活动，让小宇锻炼一下。小宇死活不肯，哭着说："一群人我一个都不认识，还跑那么远，听说还要住在山上，我不要去。"母亲只能深深地叹了口气。

·智慧解码

作为单亲家庭的孩子，小宇由妈妈养大，缺乏父亲的阳刚之气，因此在面对挫折的时候是退缩逃避的。比如和朋友发生矛盾，学习上有点小困难等，只要一有麻烦和困难就回家向妈妈哭诉，而不会自己想办法解决。小宇的妈妈对孩子是呵护备至，一有风吹草动就把孩子保护到自己的"羽翼"下，时间长了，小宇就习惯了把所有的挫折都抛给妈妈去处理，成了一个遇到一点困难就退缩的孩子。

每个人都会遇到不顺心的事，孩子也一样，他们也时常会遇到很多不顺心、不开心的事。这就是我们常说的"挫折"。挫折使人成长，是人生的一笔财富，一直处在顺境中是长不大的。只有遇到困难不退缩，勇敢、努力地前行，最终才能取得成功。

·教育三分钟

当孩子遇到挫折容易退缩的时候，家长可以从下面几个方面来帮助孩子，引导孩子成为一个面对困难不害怕、勇敢向前的人。

1. 端正心态，正视挫折

在现实生活中不遭受挫折是不可能的，关键是对待挫折的态度。当孩子遇到挫折时，家长要教会孩子正视挫折，并表示"你一定能战胜困难"，让孩子感到家长对此充满信心。只有这样孩子才会不怕挫折，更加正确地对待挫折。家长千万不要埋怨、打击孩子，因为这样不仅不能解决问题，反而会火上浇油。

家长要帮助孩子转移注意力，面对挫折时，不要只把目光放在失败的结果上，要向积极的方面去想，从失败中吸取经验教训，注意以后不要被同一块石头绊倒。这样引导孩子，孩子自然会明白应该如何正确地认识挫折。

比如，孩子因为考试之前没有认真复习，所以导致考试失败，那么就要告诉孩子考前复习是多么的重要，让孩子下次一定要记得认真复习。

2. 走出坏心情，让孩子重整旗鼓

让孩子正确认识挫折以后，家长就要帮助孩子把烦恼、糟糕的心情扔得远远的，让自信重新回到孩子的身边来。比如让孩子运动、大吼几声，把心中的烦恼宣泄出来，也可以让孩子看平常喜欢看的电视、读故事书。

3. 从挫折中学习，吃一堑，长一智

人不应该在同一个地方跌倒两次，家长要教会孩子从失败中学到经验、汲取教训。遇到挫折后，家长要和孩子一起进行总结，从中学到经验为以后所用，这才是挫折带给孩子最好的礼物。

比如因为粗心数学没有考好，那么就一定要改正粗心的坏习惯；因为紧张而没有竞选上班干部，那么平时就要注意多多锻炼发言。这样对症下药，不断学习，孩子才能最终勇敢地战胜挫折，不断进步。

4. 加强锻炼，培养孩子的抗挫折能力

要让孩子在挫折面前仍然能够昂首挺胸，平时的锻炼是必不可少的，千万别等到孩子遇到挫折时才教育孩子要好好面对挫折。家长可以讲一些自己的亲身经历和名人战胜挫折的故事，让孩子从中找到勇气；同时在日常生活中可以有意设置一些困难给孩子，比如让孩子为家里置办一次日用品、让他邀请一位客人、组织一次家庭活动等。

· **家长自画像**

对于孩子畏惧挫折，遇到困难就轻易退缩的问题，各位家长们都是怎么处理的呢？请讲述一下自己的方法，并请根据案例与分析，对自己的教育方法进行评价和反思。

1. 教育评价（请为自己的表现打星，最满意请涂满五颗星）

我对孩子的了解☆☆☆☆☆

我与孩子的交流☆☆☆☆☆

问题的处理效果☆☆☆☆☆

家长自我总评分☆☆☆☆☆

2. 教育反思

_____

_____

_____

·亲子总动员

让孩子战胜挫折

你的孩子考试没有考好，没有达到你的预期目标，孩子一回到家就把自己关在房间里，你会怎么做？父母可以一边演示一边告诉孩子："困难像弹簧，你弱它就强。"并让孩子记住这句话。

> ·成长格言
>
> 卓越的人一大优点是：在不利与艰难的遭遇里百折不挠。
>
> ——（德）贝多芬

第三节　沟通与交往

孩子经常乱发脾气

· **教育小剧场**

小军的爸爸是个出租车司机，经常晚上出车，白天休息；妈妈是医院护士，工作也是"三班倒"，生活很没有规律。奶奶为了照顾好这个宝贝孙子，自从小军出生就搬到了他们家，把小军从小带大。因为怕小军受委屈，奶奶连幼儿园都没让他上，直接上了小学。

小军没上学的时候，爸爸白天休息，小军在家里玩的时候经常会吵到他，爸爸脾气暴躁，经常气得抓起枕头就冲他扔过去，幸好奶奶在边上拦着，不然小军几乎天天要挨打。好不容易等小军上学了，爸爸觉得终于可以踏踏实实地休息了。

没想到上学之后，小军经常为了一点小事就和同学大打出手，有一次只是因为同桌的胳膊无意碰了他一下，小军竟然拿铅笔把同学的胳膊都扎流血了。老师很担心这样下去会出现什么意外，便把小军爸爸找来，不用说，小军回到家免不了要挨一顿暴揍。

类似的事情接连发生,小军的班主任也是三天两头地请家长,然而小军的坏脾气非但没有好转,反而变本加厉了,竟然朝护着他的奶奶也发起脾气来。有一次,奶奶叫小军多吃菜、少吃肉,小军就把一碗米饭全倒在地上,冲着奶奶嚷:"一边去!不用你管!又不是你买的……"气得奶奶直流泪。当时小军的爸爸不在家,奶奶也没敢告诉爸爸。

于是小军越来越无所顾忌,有一次他要出去玩,奶奶追在他后面,叫他再加一件衣服,小军顺手一推,竟把奶奶推倒在地!这一幕正好被刚进门的爸爸看见了……妈妈赶回来的时候,只见家里一片狼藉,而此时的小军和奶奶都被送到了医院,妈妈瘫坐在地上,无声地哭了。

·智慧解码

每个人都会发脾气,这是正常情感,孩子也不例外,即使是最温顺的孩子,有时也会发脾气。但是孩子经常发脾气,不利于孩子健康个性的形成。如果家长听之任之,孩子会变得越来越粗暴、任性,失去控制自己的能力,甚至向极端发展,变成一个专横霸道、唯我独尊、目中无人、自高自大的"小霸王",甚至成为要挟父母的"小魔头",那时再纠正就比较困难了。

·教育三分钟

怎样避免孩子产生坏脾气呢?

第二单元　问题篇

1. 创造和谐的家庭环境

案例中的小军不是从小就是个坏脾气孩子，上小学后脾气却变得越来越暴躁，这和他从小所处的家庭环境有很大的关系。小军的爸爸脾气暴躁，一不顺心就发脾气、打儿子，奶奶帮着带孙子，和儿子、儿媳之间也难免会有一些小摩擦，这些都被年幼的小军看在眼里，记在心里。上学前，小军大部分时间和奶奶相处，不知道与同龄人如何交往，导致小军上学后认为任何人之间有了问题，最有效的解决手段就是发脾气，甚至使用暴力。

给孩子创造一个良好的家庭环境，是指家庭成员之间的关系要和谐。这一点对年龄小的孩子尤为重要，家庭成员之间的交往模式会直接影响孩子将来与他人的交往方式。

因此，为了孩子，也为了家长自己，请尽量营造一个温馨的家。大人之间有矛盾也要避开孩子，不要让孩子有一种无所适从的危机感，否则孩子会通过发脾气来平衡自己的不安。

2. 了解孩子发脾气的原因

孩子发脾气都是有一定原因的，如觉得自己遇到冷落，待遇不公平，要求得不到满足，或者为引起大人的注意等。孩子如果经常发脾气，家长就应该研究一下孩子为什么要发脾气，对于不同的原因要采用不同的解决办法。

首先，家长应该先反省一下自己的教育有没有不对的地方，比如对孩子经常施以体罚，造成孩子的暴力倾向；或者对孩子过于溺爱，导致孩子以自我为中心。还有一些家长不考虑孩子的感受，无休止地唠叨也会使孩子产生厌烦心理，引发坏脾气。

其次，饮食不合理也会影响孩子情绪。比如过多摄取高热量的食物，如肉类、甜食等，都会使人的脾气变得暴躁。对这样的孩子，家长应该注意减少他对肉类和甜食的摄取量，让他尽量多吃一些蔬菜。

另外，家长应该注意孩子经常脾气发作是否属于某类疾病，如作息时间紊乱、长期睡眠不足，会引起一些被称为"情绪障碍"的心理疾病。家长不要简单地将孩子闹脾气归为不听话，要找到这些表面现象背后的原因，必要时可以带孩子去医院检查。

3. 采取措施帮孩子控制冲动

即使家长做得很好，孩子也难免还会发脾气。适度的发泄也不失为一种有效的心理调节机制，但是孩子的自控能力较差，有时他们可能会在情绪冲动时做出使自己后悔不已的事情来。因此，家长应该采取一些积极有效的措施来帮助孩子学会控制自己的冲动。

家长要掌握孩子发脾气的规律，眼看孩子要发脾气，父母可迅速转移他的注意力。

当孩子正在闹脾气，家长可以提醒他再闹下去不会起到任何效果，也可以暂时不予理睬。孩子很难在独自一人的情况下耍脾气，没有了对象，孩子的脾气就不会持续太久。

如果孩子正在伤害自己或是损坏别的东西，家长应该先把孩子弄到安全的地方。家长在这种情况下不能心软，不要被孩子的脾气所要挟。

如果想让孩子有一个健康良好心态，家长平时应该注意教孩子学会更多的表达和控制情绪的方式，如绘画、运动、唱歌等。还可以鼓励孩子多参加一些户外活动，这样既可以起到锻炼身体的作用，又可以发泄他多余的精力。另外，让孩子多欣赏一些陶冶情操的文学艺术作品，也能起到增加孩子涵养的作用。

让孩子能有效控制自己的情绪是个长期坚持的过程，在此期间需要家长有足够的耐心。

·家长自画像

对于孩子爱发脾气的问题，各位家长们都是怎么处理的呢？请讲述一下自己的方法，并请根据案例与分析，对自己的教育方法进行评价和反思。

1. 教育评价（请为自己的表现打星，最满意请涂满五颗星）

我对孩子的了解☆☆☆☆☆

我与孩子的交流☆☆☆☆☆

问题的处理效果☆☆☆☆☆

家长自我总评分☆☆☆☆☆

2. 教育反思

_____

_____

· **亲子总动员**

和发脾气决战到底

和孩子一起制订一张脾气记录表。每次孩子发完脾气,就和孩子一起来记录吧!

脾气记录卡
时间:
原因:
孩子当时说了哪些话?
父母当时说了哪些话?
父母现在想对孩子说的话:
孩子现在想对父母说的话:

· **成长格言**

好脾气是人生的一笔财富。

——(英)威·赫兹里特

孩子从来不懂分享

· **教育小剧场**

小丽今年上二年级了，为了鼓励小丽，爸爸出差回来给小丽带了礼物，小丽高兴极了。爸爸打开箱子，拿出了两个礼物盒。小丽高兴地打开其中的一个，是一个娃娃和一些用来替换的娃娃衣服。小丽又打开了另一个，也是一个娃娃和一些用来替换的娃娃衣服。小丽高兴地对爸爸说："谢谢爸爸，知道我喜欢娃娃，给我买了这么多。"

爸爸马上解释说："有一个娃娃是给姑姑家的妹妹的，你可以先挑一个，一会儿妹妹来了送给妹妹。"

小丽一听，小脸马上绷了起来："不行，都是我的，谁也不给！"

爸爸说："你看，两个娃娃是一样的，你要两个一样的娃娃也没有用呀！"

"有用，我就要两个！"小丽生气地对爸爸说。

爸爸笑了："我就知道你小气，就怕你不给妹妹，所以买了两个一样的。这样吧，你把娃娃给妹妹一个，娃娃衣服都留给你。"

"不行，我都要，我就要，一个也不给她！"小丽一边说，一边跺脚，小脸严肃极了。

爸爸也生气了，严肃地说："就这样定了，你不听话，我就把玩具都给妹妹，你一个都别要了。"

小丽一听，哭着跑回了自己的房间。

·智慧解码

我们常听家长说，现在的孩子越来越自私，总把好的东西据为己有，不会和朋友分享。很小的孩子这样做是可以理解的，他们还没有自私和豁达的概念，喜欢的东西就留在自己身边。但上学后，孩子如果还不愿意与人分享，就会出现很多问题。

案例中的小丽，在家里不愿意把一模一样的娃娃分给妹妹，如果在学校也不愿意与同学分享，比如自己的漂亮文具不愿意让别人动，新的课外书不让别人看，新衣服怕被同学摸脏了，就会让同学反感。用不了多长时间，小丽就会被孤立起来，没有人愿意与她交往了。

孩子总要走上社会，要在群体中生活，一定要学会与他人共同分享。从分享玩具开始，孩子要逐步学会分享其他的东西，这个学习的过程是一个调整心态的过程。在这个过程中，孩子狭窄的思维和眼光也会逐渐变得豁达、开朗、善解人意，慢慢学会调解人际关系。他们逐步体会到分享玩具就是分享快乐，大家一起玩比一个人玩更快乐；分享权利就是分享信任，在分享中获得伙伴的支持和帮助；分享义务就是共同担当责任，让自己在分享中更有力量。

缺少与他人分享的意识普遍存在于独生子女中，严重影响了他们交往能力的提高。家长要从日常生活中每一个细小的环节入手，通过多种教育途径和教育方法，对孩子进行正确引导，让他们逐步意识到交往中分享的重要性。

·教育三分钟

想要让孩子们学会分享，家长可以通过以下方法来引导孩子。

1. 在家庭中教孩子分享

家长在家庭教育过程中很容易忽略分享这个教育细节，处理事情总是以孩子为中心，造成孩子从不考虑别人。当然，分享是相对的，即便是成人，也不可能把自己的所有东西都共享出去，更何况是孩子。所以，让孩子学习分享需要一步一步来。

要想让孩子逐渐学会分享，家长在家中就不能让孩子事事独享，可以让孩子把好吃的、好玩的、好看的拿出来与大人分享，并让孩子体会分享的乐趣。当然，孩子和成人一样，都有拒绝的权利，也会遭受拒绝。父母要提供给孩子各种不同的经历，尝试分享，尝试拒绝，感受被拒绝。有了这些丰富的经历，孩子在以后与朋友交往的过程中，就能更好地把握分享的尺度，这将使他们受益终生。

2. 创造机会体会分享的快乐

家长可以创造出很多机会，让孩子感受与人交往和分享的快乐。比如亲戚或朋友来家里做客，让客人表现出主动分享的行为，家长赞扬客人的行为，孩子产生羡慕之情，肯定也不甘落后。家长还可以通过讲故事来暗示孩子，让他懂得只有与人分享，才会受别人欢迎。

3. 引导和鼓励孩子分享

孩子都很聪明，成人进行适当的启发，他们就可以做出正确的选择。家长和老师给予适当的引导和肯定，他们就能体会到分享是有益处的、快乐的，并增强与别人分享的意识。

父母看到孩子把自己的玩具给别的小朋友玩，一定要夸奖他，并告诉孩子："与朋友交往不要自私，每个人奉献一点儿，朋友之间的交往就会融洽而和谐"。

·家长自画像

对于孩子不懂得和别人分享，凡事只考虑自己的情况，各位家长们都是怎么处理的呢？请讲述一下自己的方法，并请根据案例与分析，对自己的教育方法进行评价和反思。

1. 教育评价（请为自己的表现打星，最满意请涂满五颗星）

我对孩子的了解 ☆☆☆☆☆

我与孩子的交流 ☆☆☆☆☆

问题的处理效果 ☆☆☆☆☆

家长自我总评分 ☆☆☆☆☆

2. 教育反思

_____

_____

_____

第二单元　问题篇

·亲予总动员

玩具分享会

请家长与有孩子的朋友们组织一次玩具分享会。家长们陪孩子们挑选出一些玩具,然后带上这些玩具,让孩子们互相交换、分享,一起玩玩具,感受分享的快乐。

·成长格言

吝啬必受罚。

——(俄)契诃夫

孩子总是没有礼貌

· 教育小剧场

　　二年级的一个班级正在室外上体育课。体育老师让班上的一位学生小元去传达室借锤子,小元推开门径直走进去,对着传达室的保安叔叔喊:"嘿!锤子在哪儿?"保安叔叔低头看报纸,没理他。小元又喊道:"体育老师让我来拿锤子。"叔叔还是没理他。小元转身出门,一边跑一边对体育老师喊:"老师,传达室的人聋了。"

· 智慧解码

　　其实七八岁的孩子不懂礼貌,并不是他们内心不尊重别人,而是不知道该怎么尊重别人,不知道怎样去讲礼貌。比如到别人家做客时,他就觉得跟在家里一样,可以随随便便。其实,在自己家里,和在别人家里,是大有区别的,但区别在哪里,他们并不知道。很多父母并没有提醒孩子,或因为溺爱,或认为孩子还小,长大了就明白了,于是听之任之、不加约束,结果让孩子慢慢养成了不讲礼貌的坏习惯。

　　孩子不是天生就不讲礼貌,很大程度上是日常生活中父母或周围人的影响造成的。七八岁孩子的模仿性较强,且又缺乏一定的辨别能力,如果父母或周围的人不注意自身形象,在公共场合不讲文明，不用礼貌语言，孩子也会在不知不觉中模仿他们。想象一下，如果父母平时说话总是高声吼叫，或者满口粗话，孩子会变得轻声细语、彬彬有礼吗？

没有礼貌可不是一件小事。如果孩子没有形成良好的礼貌习惯，就会成为一个不受欢迎的人，会被周围的伙伴疏远、孤立，这对孩子交朋友、学习等各方面都不利。因此，我们一定要从自身做起，对孩子进行言传身教，让他们变成一个讲文明、懂礼貌的好孩子。

·教育三分钟

不懂礼仪，一个人就不能在社会上立足。因此，孩子从小就要养成文明礼貌的习惯。实际生活中，不讲礼貌的孩子并不少见。家长有什么办法能让孩子养成讲礼貌的好习惯呢？

1. 言传身教，让孩子懂得礼貌用语的含义

俗话说，榜样的力量是无穷的。孩子最早学习礼节往往是从家里开始的，如果孩子有效仿的榜样，他们很快就能学会文明的言行。因此，家长可以通过言传身教培养孩子的礼貌行为。

有些家长认为在家里使用文明用语很别扭，似乎自家人不必这么客气。其实不然，对自己家里人使用文明用语不是客气，而是尊重。当一个孩子在家里习惯使用文明用语后，在外面也会习惯使用文明用语，而且是自然而然、发自内心的。

2. 发现问题，逐一突破

如果家长发现孩子在文明礼貌方面问题比较多，千万不要因为

心急而眉毛胡子一把抓，那样只能事倍功半。可以先在一张纸上把孩子在礼貌方面的问题全部列出来，然后按照从轻微到严重排个顺序。

接下来，可以从轻微的问题开始着手训练孩子，一次只解决一个问题。因为问题比较轻微，孩子会比较容易接受家长的建议，改起来也会比较快。一个问题解决了之后，再着手解决第二个问题。就这样，一个问题一个问题地解决，慢慢地你就会发现，孩子变得越来越懂礼貌了，而且可能后面未解决的问题也在逐渐减轻。

3. 礼让要真心实意

生活中，我们经常看到这样的情景：桌上放着一盘橘子，父母教孩子要懂礼貌，让孩子把最大的橘子拿给长辈，而长辈们通常会笑着把大橘子还给孩子，这时父母往往会教孩子说声"谢谢"，孩子心安理得地接受下来。久而久之，孩子觉得，让就让吧，反正到最后，最大最好的还是我的。

等到有一天，"假让"变成"真让"，孩子让出去的橘子真的被长辈们接受了、吃掉了，孩子就会又哭又闹，觉得自己上当受骗了。如果类似的问题屡屡发生，会导致孩子失去对父母、对长辈的信任。因此，要求孩子向长辈或同伴礼让东西的时候，一定要让对方真正地接受，如果是食品，最好当时就让对方吃掉；如果是玩具等礼品，在对方走的时候也一定要带走。总之，要让孩子明白，让就真心地让，不要虚情假意。

·家长自画像

对于孩子不懂礼貌的问题,各位家长们都是怎么处理的呢?请讲述一下自己的方法,并请根据案例与分析,对自己的教育方法进行评价和反思。

1. 教育评价(请为自己的表现打星,最满意请涂满五颗星)

我对孩子的了解☆☆☆☆☆

我与孩子的交流☆☆☆☆☆

问题的处理效果☆☆☆☆☆

家长自我总评分☆☆☆☆☆

2. 教育反思

_____

_____

·亲子总动员

礼貌守则齐遵守

请看下面的礼貌守则,根据孩子的年龄安排进度,并和孩子一起遵守。

1. 进出家门时,主动跟父母打招呼。

2. 接打电话时,使用文明语言。

3. 向别人借东西时,使用文明语言。

4. 接待客人时，热情有礼貌。

5. 去别人家做客时，文明懂礼。

6. 收到不喜欢的礼物，仍能欣然接受。

7. 饭桌上行为得体。

8. 不与家长顶嘴。

9. 在校外见到熟人时，主动热情地打招呼。

10. 把"请""谢谢""您好""对不起"挂在嘴边。

11. 不打断别人说话。

> · 成长格言
>
> 礼貌是最容易做到的事，也是最珍贵的东西。
>
> ——（苏联）冈察尔

单元小结

在本单元中，我们分析了孩子成长过程中的一些具体问题，帮助家长更好地引导孩子健康成长。在学习与生活上，家长要调动孩子学习的主动性，要培养孩子上课积极举手回答问题的习惯，要让孩子养成良好的作息规律和时间观念；在自我与品德上，家长要让孩子学会诚实，要避免孩子养成说大话的坏习惯，要培养孩子敢于直面挫折的精神；在沟通与交往中，家长要避免孩子形成坏脾气，要教会孩子分享，要让孩子懂得礼貌待人……

第三单元

提高篇

【单元导言】

　　每个家长都要面对孩子成长过程中的难题，有的家长对于孩子的问题束手无策，导致孩子的问题越来越多，而有的家长却能对症下药，很好地解决孩子的问题，让孩子成长为一个越来越好的人。在本单元，我们将看看我校的一些优秀家长是怎么说的，从这些家长的身上，学习一些教育技巧和教育良策，让每一个孩子都能健康成长！

不对孩子发脾气

· **江海好家长**

小孩子的天性就是爱玩，爱动，所以做作业不认真。我以前也因为作业对女儿凶过，因为我觉得那么简单的作业还能错，而且还错了不止一次，不凶就记不住。但是凶过以后孩子也会有脾气，还会大哭、冷战、把作业遮住、跟家长对着干……

后来我就不凶孩子了，而是采取怀柔的政策：哄她。当我女儿来问我题目时，我就说："哎呀，妈妈也不会怎么办呀？"女儿就笑我："妈妈你怎么这么笨，二年级的题目也不会？"于是我们就一起想办法，把题目给解出来，再给孩子赞扬。她很开心，再也不怕遇到题目问我，反而被我骂了。

说一个反面教材，我家楼下有一户人家，每天都是奶奶和孙子的吵闹声，都是为了作业的事情，从来不见孩子的爸爸和妈妈的踪影。奶奶是个脾气暴躁的人，整天把孙子骂得大哭大闹，还把他赶出家门，到门外罚站。孙子脾气更大，吼得比奶奶更大声，关在门外进不去，就用脚把门踢得咚咚巨响。我们被吵得只能关上窗户写作业。

我教育孩子，平时要注意自己的言行，这样大吵大闹会被别人看不起，所以我家孩子在外面基本上不会发脾气骂人。

2016级学生　郁晟璟家长

·父母充电站

现代人生活压力非常大，如果再碰上孩子不听话，调皮捣蛋让人头疼，父母就很难控制住脾气。但是孩子如果只是犯了一点小错误，家长还是要控制自己的情绪，尽量不发脾气，可以通过沟通的方式去解决。

父母是孩子的首任老师，一言一行都会对孩子产生很大的影响。父母经常发脾气，对孩子产生的不良影响是终生的。

首先，父母经常发脾气会使孩子也学会这种错误的解决问题的方式。因为孩子最直接的学习方式就是观察、模仿身边的人。如果父母总在家里发脾气，孩子生活在这种环境下，也会渐渐地变得爱发脾气，并用发脾气的方式解决生活中、工作中遇到的问题。但是发脾气根本解决不了问题，而且还会让身边的人感到讨厌，影响人际关系的和谐。

第二，父母长期对孩子发脾气，容易导致父母和孩子的关系恶化。长期面对家长的坏情绪，有些孩子会怀疑自己是不是亲生的，有些孩子会想要离家出走，有些孩子会讨厌甚至憎恨自己的父母。而有些孩子会责怪自己，形成消极的自我评价，产生自卑心理。

父母的坏脾气会在不知不觉中，给孩子造成长期的心理阴影。因此，家长一定要学会控制自己的情绪，别总是动不动就对孩子发脾气，而是要和孩子好好沟通。

> ·成长格言
>
> 凡是有良好教养的人有一禁诫：勿发脾气。
>
> ——（美）爱默生

和孩子共同进步

·江海好家长

孩子不听话、上课坐不住、注意力不集中、和小朋友相处容易冲动鲁莽……这些都让我们做父母的非常焦虑。孩子小小的身躯里充满了能量，父母满心的爱却不知如何浇灌才能滋养孩子健康成长。随着孩子的成长，我们发现世界上最难的工作，就是教育孩子。在此，我想分享下自己的心得和体会。

首先，不要把自己放在教育者的位置，而是学习者的位置，这样才能有更好的心态和孩子进行良好的互动。因为从孩子出生的那一天起，我们才开始成为父母，我们和孩子的起点是一样的。

其次，接纳不完美，和孩子共同进步。有了学习者的心态，才比较容易去接纳自己和孩子的不完美。这样，我们在碰到问题的时候就不会轻易地去指责、批评孩子，或者急着给出我们自以为是的答案，而是能静下心来追根溯源，找到问题的症结和本质所在。在这个过程中，家长和孩子都可以发展各种意想不到的能力。当然，接纳不是纵容、无所作为，而是理解了事情的根源并积极寻求改变的方法和决心。

最后,教育孩子要走心。我们是孩子的父母,是孩子重要的人。只有走心的教育,才能让孩子有真正的改变,最终形成孩子自己的内动力。

2016级学生　赵子睿家长

·父母充电站

一个人走可以走得很快,一群人走才能走得很远。其实,家庭成员的成长也是如此。父母仅仅满足于自己的成长是不够的,甚至仅仅用自身的成长故事、成长榜样影响孩子也是不够的。成长有一个共作效应,有一个生命的成长场。

父母与孩子一起阅读,与孩子一起锻炼健身,与孩子一起郊游走进大自然,与孩子一起参观博物馆,不仅仅能够让孩子拓宽视野、增强体质,自己也会收获满满。父母与孩子,在成长的过程中完全是互动的关系。父母的成长会带动孩子的成长,孩子的成长也会促进父母的成长。同时,对孩子的抚育过程,也是父母自身成长历程的一种折射。

父母教育孩子,不是靠学历、收入和地位,而是靠教育理念、教育方法和教育能力。教育孩子的前提是了解孩子,了解孩子的前提是尊重孩子。但很多父母并不了解孩子的内心世界,也不懂得尊重孩子的个性和性别差异。同时,信息时代到来,很多家长对于新媒体掌握的能力却还不如孩子,这些都要求家长持续不断学习。

许多家长说，孩子粗心马虎、磨蹭拖拉、没有时间观念、上课注意力不集中，甚至叛逆和逆反，而且通常孩子越大，情况就越糟糕。其实，孩子的问题往往折射出的是家庭教育的问题，我们要把盯孩子的目光收回来，关注到父母的自我学习和成长上。父母不成长，孩子不可能成长。

现代社会是两代人共同成长的社会，当今社会变迁速度很快，不仅儿童面临着发展问题，成年人也面临着完善自我、迎接社会选择的挑战，面临着学习与接受继续教育的问题。强调父母与孩子的共同成长，实际上是在强调一个交流的过程。一方面成年人将自己所走过的成长道路展示给孩子，作为一种经验和教训；另一方面，孩子对新事物的敏感和快速接受的能力，也为成年人适应当代社会提供了桥梁。

家庭教育的实质是改变父母自己，而这种改变的关键就是自觉自愿地与孩子一起成长。这样一个成长过程，是父母自身发展的需要，也是胜任家庭教育的需要。

· **成长格言**

对双亲来说，家庭教育首先是自我教育。

——（苏联）克鲁普斯卡娅

引导孩子的不足

· **江海好家长**

人非圣贤,孰能无过。每个人都会犯错,更不要说孩子了。当我家的孩子犯错或者有一些缺点时,我不会用很严肃的态度去对待孩子,不会对孩子发脾气,更不会打骂、体罚孩子。对于孩子的缺点和错误,我会帮孩子分析原因,正确引导,教育她该怎么做,如何去做,哪些该做,哪些不该做,并且用商量的形式和孩子一起讨论,让孩子也有参与感。

这样的话,孩子不会产生一种逆反的心理,也不会再去犯同样的错误。而且长期下来,她遇到问题善于思考,思想活跃而天真,敢于承认错误,认识到自己不足的地方,就会自己去克服、改正缺点。

比如孩子以前经常会忘记带第二天上课要用的东西,有时候忘带铅笔盒、有时候忘带作业本,搞得第二天在学校学习总是很不方便。我们没有骂孩子,而是和孩子一起商量有什么办法能避免忘记带东西,后来我们让孩子写下每天需要带的东西,临睡前就把书包整理好，这样第二天早上就算时间紧张也不会着急。次数多了以后，孩子自己就会每天检查第二天要用的东西，再也没有忘带过东西了。

2016级学生　陈诗妍家长

·父母充电站

当孩子犯错或者出现一些不当的行为时，家长应该怎样做才可以帮助孩子改正错误、解决问题呢？

有些家长会采取惩罚性的措施，想让孩子下次不敢再犯。惩罚性的措施在短期内往往可以起到一定的效果，但是很难帮助孩子长期有效地彻底改正错误。而且时间长了，孩子可能就不在乎被惩罚了。

在面对孩子的错误时，家长可能都将注意力集中在解决实际问题上。这个时候，我们要做的是先冷静下来，让孩子和家长都有一个"暂停"的缓冲，这不仅能够帮助家长平复心情，也能帮助孩子走出犯错的阴影。

首先，当孩子因为犯错而羞愧或难过时，家长要尝试引导孩子主动平复自己的心情。比如，家长可以问孩子："要不要喝杯水？""想不想先做点别的？"等孩子和自己的心情都平静了，再来讨论怎么解决问题。但是一定要让孩子知道，暂停是为了让他恢复一个好心情，不是爸爸妈妈不想理他。

其次，让孩子选择一种喜欢的暂停方式。比如，让孩子先听听音乐、看看书。等孩子的心情好一点，再和爸爸妈妈一起想办法解决问题、改正错误，效果就会好很多。这并不是对孩子的错误进行奖励，只是给孩子一个空间，让他的心情变得好一点，从而更好地解决问题。

最后，要告诉孩子，当他们的心情好一点之后，如果问题仍然存在，就还需要找出解决问题的方案，或者对自己所犯的错误进行弥补。家长要让孩子知道，对于错误，一定要做出反思和改正，直到解决问题。暂停只是为了以更好的心态来一起寻找解决的办法。

如果家长能够正确地对待孩子的不良行为，那么犯错将不再是坏事，而是成为孩子进步和成长的契机，帮助孩子学到更多。

·成长格言

用殴打来教育孩子，不过和类人猿教养它的后代相类似。

——（苏联）马卡连柯

欣赏孩子的多面

· 江海好家长

孩子，是每一位父母心中的宝贝，我们都盼望着他们茁壮地成长，在教育孩子的过程中，除了老师之外，父母也扮演着重要的角色。家庭教育和学校教育同样至关重要。我的儿子今年7周岁10个月，刚上小学二年级，在教育孩子成长的过程中，我有一点很深的体会，那就是：让孩子少一点压力，多一份简单。

在一年级的时候，孩子迷上了折纸。放学回家后，他做完学校的作业，就会打开电脑一边看视频一边学折纸，我在旁边看他认真的样子，心里也挺高兴。他的房间挂着各种各样的折纸，千纸鹤、青蛙、飞机等。有一次，他说："妈妈你帮我拍折纸的视频发到朋友圈。"我答应他了。他一边折一边讲解每一步，讲得很流利、很清楚，就像一个小老师。他自己也很满意地说："我在教大家折纸方法，超开心的。"

他的兴趣比较广泛，喜欢打羽毛球、画画、围棋等。平时我也经常和儿子互动，通过互动、和孩子谈心，捕捉他身上的闪光点，不会经常把他和别人的孩子相比。学会用欣赏的目光看待孩子,及时发现和肯定孩子所获得的任何一点成绩,使孩子感受到我们的赞美和鼓励,提高孩子的自信心。

孩子的心田是敏感的,撒下什么样的种子就会开出什么样的花朵,就会有什么样的收获,因此,我真诚地期望每一位家长们撒下的都是美丽、善良、友爱的种子,让美丽、善良、友爱的花开满孩子的心田。家长们不要让"望子成龙"的心理变成孩子的压力,顺其自然,因材施教,让孩子轻松快乐学习,要相信:是金子总是会发光的!

2016级学生　沈昊吉家长

· 父母充电站

俗话说得好:"三百六十行,行行出状元。"心理学专家指出,每个人都具有八大智能,但每个人并不是均衡发展这八种智能的,而是有自己的优势智能,这正是他们走向成功的钥匙。有的孩子擅长音乐,有的孩子擅长交流,有的孩子擅长运动……各有所长,并无优劣之分。让孩子取长补短才能得到最好的发展。

所以,家长不能以唯一的标准要求孩子,要学会发现孩子的兴趣和长处。家长们可以参考以下几点,根据孩子的特点和长处,对孩子进行适当的教育和引导。

1. 打破常规,提升观念

传统的只看重学习的评价标准是比较单一的,这无疑扼杀了孩子其他方面的才能和优点。在社会多元发展的今天，我们对孩子的评价也应该多元化。因此，家长首先要了解孩子的特点，认清自己的教育观念和教育目标是否符合孩子的发展，不能仅凭主观和习惯简单地教育孩子。

每个孩子认识和了解世界的方式都不是唯一的，而是多角度、多渠道的。家长要打破一些常规的理解，接纳和包容孩子的多种智慧。比如，有的孩子虽然学习成绩不好，但动手能力很强，这时家长的一句"不务正业"很可能就扼杀了孩子的一种未来。

2. 发现孩子的优势

孩子的能力倾向从很小就能显现出来，家长要在日常生活中，通过仔细观察和不断尝试来慢慢发现孩子的优势和特长所在，并给予一定的环境和影响，慢慢引导孩子在他擅长的方面发展。

3. 展示和迁移孩子的才能

首先，家长要欣赏和肯定孩子的优点，并为孩子提供展示和发挥才能的机会。比如，对于一个篮球打得特别好但学习成绩不怎么好的孩子，家长要明白孩子是在身体运动智能上占优势的，并帮助他认识到自身所具有的能力，从而帮助他建立起自尊心和自信心。

然后，家长要帮助孩子分析自己在成功领域中所具有的特点，比如打篮球时的专注、忍耐、坚持等。

最后，家长要帮助孩子把优势迁移到其他领域，比如鼓励孩子把自己对篮球的专注、忍耐、坚持的能力运用到其他领域的学习中。

家长可以说："孩子，你篮球打得很好，我特别欣赏你打球时的那股冲劲，那种专注，那种不怕苦、不怕累、不怕失败的品质，如果你在文化课的学习中能运用这些好的品质，一定能学得和打球一样好。"

4. 自立自强是关键

孩子拥有自己的特长，并不代表一定会非常成功，而家长们对孩子成功的定义也要有正确的理解。培养孩子首先要让他成为一个能够独立自主的人，只有能够独立并自立自强的人才会在成功的道路上越走越远。

试想，如果一个孩子考上了清华、北大这样的一流大学，但很多事情都要依赖父母，甚至连生活都不能自理、不知冷暖、总是生病，那么他能成为一个优秀的人吗？

· 成长格言

教育不能创造什么，但它能启发儿童创造力以从事于创造工作。

——陶行知

陪伴孩子的成长

· 江海好家长

　　我的儿子孙天翔是江海第一小学二年级（3）班的学生，他活泼开朗，阳光自信，是一个品学兼优的孩子。他爱好围棋，每周末都盼望着能在对弈平台上多赢几盘棋，他好胜却也不害怕失败，总是在一次次失败中汲取教训，相信阳光总在风雨后。

　　除了上班时间，周一到周五我都会陪着孩子完成作业，陪着他一起学习，听他说学校里有趣的事情。大家都说"读万卷书，行万里路"，所以一到周末或者假期，我就会带着孩子出去走走，还会带他去图书馆，看看四大名著之类的书，了解中国文化。

　　在教育孩子的问题上，我坚持3条原则：①让书香伴随孩子成长；②让孩子的足迹踏遍祖国大地；③用爱滋养孩子的心灵，陪伴孩子成长。在以后的道路上，我会用爱一直陪着他，直到他羽翼丰满，展翅高飞！

2016级学生　孙天翔家长

第三单元 提高篇

·父母充电站

当今的教育存在很多问题,其中最突出的问题之一就是留守儿童问题。父母为了给予孩子更好的生活,从孩子小的时候就外出工作,放弃了在成长过程中对孩子的陪伴。孩子的生活条件是变好了,可是由于缺乏父母的爱,他们性格大多会变得孤僻、敏感、内向,对于孩子的成长产生极大的影响。因为父母外出打工,留守儿童自杀或伤人的新闻时有发生。因此,父母千万不要忽视对孩子的陪伴,这将对孩子的一生产生影响。

很多家长或许认为孩子还小,陪伴他们的时间还有很多。然而时间流逝之快超出我们的想象,孩子转眼就会长大,和他们相处的时间其实并不多。这一秒孩子还在蹒跚学步,下一秒他们已经长大成人。

在孩子成长过程中,父母扮演的不仅仅是家长的角色,也是朋友,更是人生导师。父母日常生活中的一举一动,言谈举止潜移默化中都会被孩子模仿学习。人们都说父母是孩子最早的老师,父母对孩子的教育作用比学校更重要,父母的教育会影响孩子一生。在孩子的性格、意识形成阶段,一定不能少了父母的陪伴。多多抽出时间和孩子相处,让孩子的成长过程中充满父母的爱,只有这样才可以让孩子快乐地成长,拥有健康的性格和正确的价值观。

很多父母不知道在和孩子相处过程中应该做些什么,其实很简单。和孩子的相处中,家长要经常和孩子一起做游戏,在游戏中教育孩子一些知识,这样的方式会让孩子印象更加深刻;平时或者在睡前给孩子讲一些故事，通过故事让孩子学到一些道理，更可以塑造孩子良好的世界观人生观价值观；多多陪孩子参与一些亲子活动，增进父母与孩子之间的关系；经常带孩子外出玩耍，让孩子多接触外面世界。

其实无论做什么，只要多与孩子相处，对于孩子来说都是快乐的，无论玩具还是零食，都无法取代父母在孩子成长中重要的地位。在和孩子的相处时光中，父母会得到不一样的快乐；孩子有了父母的陪伴，也会表现出不一样的快乐容颜。陪伴，就是父母给孩子最好的礼物。

> ·成长格言
>
> 　　孩子最喜欢爱他的人……也只有爱才能培养他。当孩子看到并感觉到父母对自己的爱的时候，他会努力听话，不惹父母生气。
>
> ——（苏联）捷尔任斯基

单元小结

本单元中，我们选取了5个优秀家长案例，也从这5个案例中学习到了许多教育方法和技巧。作为一个好家长，不能对孩子乱发脾气，要在教育孩子的过程中和孩子一起成长，要用正确的方法引导孩子纠正错误，要欣赏孩子的各种闪光点，要用爱陪伴孩子成长……

家长必读

家庭教育十大原则

1. 平等原则

孩子与父母平等的关系,不仅是互爱的一种体现,而且能够帮助孩子树立信心,明辨是非,丰富想象力和创造力。而"独裁"对孩子人格的影响是灾难性的。许多家长觉得辛辛苦苦赚钱养孩子,孩子就应该听自己的,必须服从自己。这种观念应该改变,要把孩子看作是与自己平等的人。

2. 感情交流原则

很多家长错误地认为:"有书你读,有饭你吃,有衣服你穿,还想什么?"但人的成长不但需要物质,也有精神、情感的需要。家长忽略孩子的精神、情感需要,孩子和家长就没话说。长期下去,子女和家长的相处就会变得越来越尴尬。

3. 自由原则

很多家长把孩子管得很严,却往往吃力不讨好,甚至引起悲剧。

应该相信孩子的能力，给孩子一个自由发展的空间。

4. 尊重原则

家长尊重孩子，孩子才能尊重家长，有的家长只希望孩子对自己言听计从，不能有自己的观点，甚至不能申辩一下，否则就对孩子大声训斥。这种孩子长大后很可能是一个人云亦云的人，没有自己的观点。

5. 方法转变原则

教育方法要随孩子的年龄的增大而不断改变。

6. 榜样原则

家长是孩子第一个模仿的对象，家长一定要做好榜样，别在孩子幼小的心灵里种下不良的种子。

7. 信任原则

谎言是从不信任中来的。如果从小就和孩子彼此信任，孩子就没有说谎的必要。

8. 统一原则

家庭的教育要和学校统一，否则孩子会感到无所适从。另外，家庭成员之间教育的观念要一致，否则孩子不知道听谁的，结果就是谁的都不听。

9. 鼓励原则

许多家长都有"泼冷水"的坏习惯，当孩子取得好成绩时便说："是不是偷看来的？"当孩子成绩差时又说："你从来都是这样差的。"尽管是很随意的一句话，却大大伤害了孩子的心。在家庭生活中，应该多鼓励孩子。

10. 宽容原则

人非圣人，孰能无过？孩子在成长的过程中，自然会经常犯错误。家长应该宽容地对待，不要孩子犯了一点错就任意打骂。

图书在版编目(CIP)数据

百分爸妈 / 褚红辉,沙秀宏主编 .— 上海 : 上海社会科学院出版社,2020
 ISBN 978-7-5520-3205-5

Ⅰ.①百… Ⅱ.①褚…②沙… Ⅲ.①家庭教育 Ⅳ.①G78

中国版本图书馆 CIP 数据核字(2020)第 109044 号

百分爸妈

主　　编:	褚红辉　沙秀宏
责任编辑:	杜颖颖
封面设计:	黄婧昉
出版发行:	上海社会科学院出版社
	上海顺昌路 622 号　邮编 200025
	电话总机 021-63315947　销售热线 021-53063735
	http://www.sassp.cn　E-mail:sassp@sassp.cn
照　　排:	南京理工出版信息技术有限公司
印　　刷:	上海天地海设计印刷有限公司
开　　本:	890 毫米×1240 毫米　1/32
印　　张:	15.5
字　　数:	305 千字
版　　次:	2020 年 11 月第 1 版　2020 年 11 月第 1 次印刷

ISBN 978-7-5520-3205-5/G・942　　　　　定价:69.80 元(全五册)

版权所有　翻印必究